Sigrid und Ottmar Heinzmann

Collagen

von klassisch bis modern

frechverlag

Collage mit Geige

(Abbildung Seite 1)

- Holzrahmen, 30 cm x 40 cm
- Wellpappe, natur und schwarz
- Gotikpapier, natur
- Deko-Rosen, -Trauben, -Beeren
- Stoffblätter
- Geige
- Drahtgitter
- Goldkordel
- Goldlitze
- Reisigbündel, gold
- Gold- und Kupferspray
- Schmucksteine
- Goldpaste
- Dekospray, schwarz

Die naturfarbene Wellpappe wird für den Hintergrund auf die Rahmenrückwand aufgeklebt. Das Gotikpapier zerknittern, eine Hälfte des Bildes mit Klebstoff einstreichen und damit die Wellpappe abdecken. Danach alles mit Gold fein einsprühen. Den Übergangsbereich der beiden Papiere anschließend mit Kupferspray hervorheben.

Beginnend mit den großen Blättern und den abgelängten Rosen das Gesteck aufbauen. Trauben, Schmucksteine, Beeren und Reisigbündel werden hinzugefügt und mit der Heißklebepistole verklebt. Band und Litze in das Gesteck einflechten und befestigen. Die Geige in das Gesteck integrieren. Ein schwarz besprühtes Metallgitter und aus schwarzer Wellpappe ausgeschnittene Noten ergänzen das Ganze. Zur Hervorhebung die Noten mit Goldpaste aufhellen.

Fotos: frechverlag GmbH + Co. Druck KG, 70499 Stuttgart; Fotostudio Ullrich & Co., Renningen

Auflage: 5. 4. 3. 2. 1. | Letzte Zahlen
Jahr: 2001 2000 99 98 97 | maßgebend

frechverlag GmbH + Co. Druck KG, 70499 Stuttgart

ISBN 3-7724-2221-7 · Best.-Nr. 2221

Druck: frechverlag GmbH + Co. Druck KG, 70499 Stuttgart

Dekorative Wandgestaltungen haben in der heutigen Wohnkultur einen sehr hohen Stellenwert und sind zugleich Ausdruck für Geschmack und für die Persönlichkeit ihres Besitzers - erst recht, wenn sie selbst hergestellt worden sind.

Aus diesem Grunde haben wir eine bewußt große Auswahl an ganz unterschiedlichen Stilrichtungen, ob im Landhausstil, mediterran oder modern, für Sie zusammengestellt.

Das Buch gliedert sich in drei Bereiche auf: Zunächst werden das Material und Werkzeug, das wir für die Objekte verwendet haben, sowie einige grundlegende Techniken beschrieben. Den Hauptteil bilden dann die Collagen, die in Bild und ausführlichem Anleitungstext vorgestellt werden. Am Schluß zeigen wir Ihnen, wie Sie selbst Rahmen herstellen und gestalten können.

Lassen Sie sich von unseren Dekorationen anregen und inspirieren, um dann Ihre eigenen Kunstwerke herzustellen.

Viel Freude und Spaß beim Durchblättern und viele Ideen für Ihre Collagen

wünschen Ihnen

Sigrid und Ottmar Heinzmann

Material und Werkzeug

- Papiermesser (Skalpell) für feine detaillierte Papierschneidearbeiten.

- Schneideunterlage (z. B. feste Kunststoffmatte).

- Schere für grobe Papierarbeiten.

- Pinsel: Borstenpinsel für Grundierarbeiten, Leimpinsel (kurze Borsten) für Klebstoffauftragungen, Rotmarderpinsel für feine Malarbeiten.

- Klebstoffe: UHU Alleskleber für Papier und feine Gräser; UHU Kraftkleber für Kunststoff, Perlen und Metall; Stoffkleber zum Aufkleben von Bändern, Stoffen und Kordeln; Styropor-Kleber; Holzleim.

- Heißklebepistole für alle groben Klebearbeiten. Der Vorteil des universell einsetzbaren Geräts ist das schnelle Verkleben von vielen Materialien. Die Patronen bestehen aus einer Kunststoffmasse, die durch eine Heizspirale in der Klebepistole geschmolzen wird. Die verflüssigte Masse wird auf die vorgesehene Klebestelle mit der Pistole aufgedrückt. Nun wird das zu verklebende Objekt auf die Klebestelle aufgesetzt und kurz fest angedrückt. Durch das Abkühlen verfestigt sich die Kunststoffmasse wieder und stellt so die Klebeverbindung her. Dieser Vorgang kann je nach Auftragsstärke der Masse zwischen einer halben und zwei Minuten dauern.
  Bitte gehen Sie mit der Heißklebepistole konzentriert und vorsichtig um: Der Kontakt mit dem geschmolzenen Kunststoff oder der Pistolenspitze kann Verbrennungen mit Blasenbildung nach sich ziehen.

- Doppelseitige Klebefolie ist hervorragend geeignet für Stoffbespannungen und Besandungen mit Colorsand; herkömmliche Klebstoffe neigen zum Durchdrücken auf den Stoff und bilden unschöne Flecken.

- Sprühfarben: Schnelltrocknende Acrylfarben; Acryllacke oder Kunstharzlacke, styroporverträglich.

- Acrylfarben: matte oder glänzende Bastelfarben - auch Plakatfarben genannt - für universelle Verwendung.

Rahmen- und Bildgröße

Die Rahmengröße ergibt sich aus der Bild-/Passepartout-Größe und den Rahmenbreiten. Die Bildgröße, z. B. 30 cm x 40 cm, bezieht sich immer auf die freie Fläche im Rahmen, einschließlich des Falzes.

Passepartouts

Die Wirkung einer Collage hängt entscheidend von der Auswahl des Passepartouts (Größe des Ausschnitts, Form und Farbe) ab. Es gibt verschiedene Arten von Passepartouts:

- Schrägschnitt-Passepartouts verleihen der Collage eine Tiefenwirkung.

- Tonpapier, Fotokarton oder Wellpappe können auch als Bildhintergrund vielseitig verwendet werden und sind günstig im Fachhandel erhältlich.

- Handgeschöpftes Papier, Stoffreste, Packpapiere, Tapetenreste und Seidenpapier kann man ebenfalls für die Hintergrundgestaltung oder für den Passepartoutausschnitt verwenden.

- Passepartoutkarton ist für den individuellen Zuschnitt in Rahmenstudios erhältlich. Für das Schneiden von Ausschnitten empfiehlt sich ein spezielles Schneidegerät (Fachhandel).

Der Passepartout-Ausschnitt gibt die tatsächliche Größe des sichtbaren Bildes an. Die Rückwand des Rahmens und das Passepartout sind gleich groß.

Verschiedene Techniken

Sprühtechnik (S. 18, 19, 20, 30)

Als Hintergrund wird ein unifarbener - z. B. schwarzer - Fotokarton ausgewählt. Die Sprühflasche wird gut geschüttelt, und mit einem Abstand von ca. 30 cm werden waagrechte Streifen in Gold aufgesprüht. Wählen Sie einen zweiten Farbton - z. B. Flieder - aus, verringern Sie den Sprühabstand auf ca. 10 cm bis 15 cm, und sprühen Sie die Farbe zwischen die noch nassen Goldstreifen. Die Grundfarbe des Fotokartons sollte noch gut erkennbar sein. Durch Auflegen von Schablonen oder Verwendung von verschiedenen Stoffen (Tüll, Netze oder Drahtgitter) können zusätzliche Effekte erzielt werden. Wählen Sie nach dem Trocknen einen interessanten Ausschnitt für das Passepartout aus.

Naß-in-Naß-Technik (S. 10, 12, 38)

Vor allem in der Aquarell- oder Seidenmalerei wird diese Technik verwendet. Ist der Untergrund saugend wie z. B. Stoff oder Seide (S. 12), wird das Material zuerst mit Wasser angefeuchtet.
Tragen Sie anschließend die Farbe mit dem Pinsel auf. Durch den feuchten Stoff verteilen sich die Farbpigmente auf dem Trägermaterial. Der Verteilungseffekt kann durch Nachauftragen von Wasser erhöht und gesteuert werden.
Bei einem nichtsaugenden Hintergrund (S. 38) gibt es zwei Möglichkeiten der Verarbeitung in dieser Technik:

1. Der Untergrund wird mit einer Acrylfarbe grundiert. Anschließend werden in die nasse Farbe mit Hilfe eines Pinsels verschiedene Farb- und Strukturgestaltungen aufgetragen. Die Farbfläche sollte dabei nicht zu groß sein, da Acrylfarben schnell trocknen.

2. Mehrere abgestimmte Farbtöne werden mit einem Flächenpinsel gleichzeitig aufgetragen. Es empfiehlt sich, jede Farbe in eine Schale zu gießen. Beim Arbeiten muß darauf geachtet werden, daß die verschiedenen Farbtöne gleichmäßig aufgetragen werden. Diese Technik eignet sich auch sehr gut für Rahmengestaltungen.

Schwamm-Technik (S. 14, 38, 42)

Unter Verwendung eines Stücks Schwamm werden die verschiedenen Farbtöne aufgetragen.
Die Farben zuerst auf einer Mischpalette herrichten, den Schwamm in die gewünschte Farbe tauchen und mit dem Auftragen beginnen. Bei dieser Technik werden die Farbtöne einzeln nacheinander naß-in-naß auf die zu bearbeitende Fläche mit einem Schwamm aufgestupft. Die Farbschattierungen lassen sich durch Überlagern der unterschiedlichen Farbtöne erzielen. Mit verschieden porigen Schwämmen erzielt man unterschiedliche Strukturen.

Frühlingserwachen

- *Holzrahmen, 30 cm x 40 cm*
- *Schrägschnitt-Passepartout*
- *Verschiedene Bänder in Blau- und Grüntönen*
- *Wellpappe, grün*
- *Isolepsisgras*
- *Weidenruten*
- *Acrylfarben: weiß, gelb, blau, grün*
- *Marienkäfer*
- *Holzblumen*
- *Klebeband*

Auf der Rückseite des Passepartout-Ausschnittes werden die verschiedenen Bänder und Grashalme senkrecht mit unterschiedlichen Abständen nebeneinander gelegt. Mit einem breiten Klebeband die oberen und unteren Enden festkleben.

Nach Belieben können einige Bänder auf der Vorderseite und in unterschiedlichen Längen sichtbar auf dem Passepartout befestigt werden. In diese senkrecht liegenden Bänderstreifen werden in wechselnder Folge die waagrechten Bänder und Grashalme eingewoben und an den Enden mit Klebeband fixiert.

Nach Abschluß der Flechtarbeit wird eine grüne Wellpappe als Hintergrund für das Flechtwerk auf der Rückseite aufgeklebt.

Das Flechtmuster wurde als Motiv für die Passepartoutgestaltung übernommen. Die Margerite und die Bänder nach dem Vorlagenbogen aufpausen und mit Acrylfarben kolorieren.

Zur Hervorhebung der Konturen wurden diese mit einem weichen Bleistift nachgezogen. Aufgeklebte Holzblumen und ein Marienkäfer lassen das Bild plastischer erscheinen. Der weiße Holzrahmen wurde durch zwei aufgeklebte verschiedenfarbige Bänder in die Farbgestaltung miteinbezogen.

H.96

Collage mit Gans

- Holzrahmen, 24 cm x 30 cm
- Verschiedene Bänder
- Rupfenrest
- Strohhalme
- Naturbast
- Getrocknete Blüten (z. B. Sonnenflügel)
- Weizen
- Seegras
- Keramikgans

Die Rückwand des Rahmens mit Rupfen bespannen, dabei den Rupfen vollflächig aufkleben.

Die verschiedenen Bänder und Strohhalme werden in unterschiedlichen Abständen senkrecht nebeneinander gelegt und mit der Klebepistole an den Enden befestigt.

Danach die waagrechten Bänder und Halme in wechselnder Reihenfolge in die senkrechten einflechten und am Ende fixieren. Den Naturbast zu einem Strang wickeln und mit der Klebepistole ankleben. Grünes Seegras, einzelne Weizenähren und die gepreßten Blüten in das Bild einarbeiten. Die Keramikgans erfüllt das Bild mit Leben.

Blumenensemble

- Holzrahmen, 24 cm x 30 cm
- Doppel-Passepartout (creme, altrosé)
- Nesselstoff
- Holzblüten
- Keramikperlen
- Verschiedene Bänder und Kordeln
- Isolepsisgras
- Naturbast

Mit Nesselstoff wird die Rückwand des Bilderrahmens bezogen und dann das breite Juteband waagrecht darübergelegt und gut verklebt. Verschiedene Bänder und Kordeln auf das Juteband kleben. Das Isolepsisgras wird senkrecht und waagrecht verflochten über das Bild gelegt und in der Mitte an einigen Stellen fixiert. Den cremefarbigen Passepartout auf den Hintergrund legen und vereinzelte Gräser auf diesem befestigen. Das altroséfarbene Passepartout erhält mit Naturbast umwickelte Seiten. Diese auf der Rückseite verkleben. In unterschiedlichen Längen werden waag- und senkrechte Isolepsisgräser angeordnet und zusammen mit den verschiedenen Holzblüten und Keramikperlen aufgeklebt.

Die Schnecke und der Apfel

- *Holzrahmen, 26 cm x 26 cm*
- *Schrägschnitt-Passepartout*
- *Holzapfel, farbige Holzscheiben*
- *Halbierte Red-Steem-Stiele*
- *Schnecke, Zweig, kleine Aststücke, Stoffblätter, Wellpappe natur*
- *Acrylfarben: gelb, rehbraun, grün, rot*
- *Schere, Borstenpinsel*

Für den geflochtenen Hintergrund wurde zuerst die Wellpappe mit verschiedenen Acrylfarbtönen naß in naß grundiert (Naß-in-Naß-Technik, S. 5).

Nach dem Trocknen die Wellpappe in ca. 5 mm breite Streifen schneiden und diese reihenweise versetzt ineinander flechten. Das fertige Geflecht wird auf die Rückwand des Rahmens geklebt. Beachten Sie dabei die Ausschnittgröße des Passepartouts. Mit dem Holzapfel beginnend, werden die einzelnen Dekoteile angeordnet und festgeklebt. Aus Aststückchen ein kleines Bündel wickeln und mit dem Stoffblatt zusammen auf den Rahmen dekorieren.

Spätsommerliches Arrangement

- *Holzrahmen, 26 cm x 26 cm*
- *Schrägschnitt-Passepartout*
- *Bastgeweberest, Flechtkordel*
- *Traube, Heu, gepreßte Stiefmütterchen*
- *Farbige Holzscheiben, Papprest*
- *Rupfenrest, Naturbast, Stoffblätter*
- *Marienkäfer, Schneckenhaus*
- *Satinband, grün*
- *Messingdraht*

Die Rückwand des Bildes wird mit einem zurechtgeschnittenem Bastgewebestück beklebt. Das Gewebe ist um ca. 1 cm kleiner als der Passepartout-Ausschnitt. An den äußeren Enden des Gewebes werden die letzten Bastfäden entfernt und gerade geschnitten, um einen optischen Abschluß zu erhalten. Aus Pappe eine herzförmige Schablone ausschneiden, mit Heu bekleben und zum Schluß mit Messingdraht umwickeln. Jetzt die Traube und das Herz auf den Stoffblättern anordnen und mit der Klebepistole fixieren. Das Schneckenhaus, ein kleines Stück Rupfen sowie die im Bildausschnitt angeordneten Stiefmütterchen runden das kleine Gesteck ab. Umrahmt wird das Arrangement durch gespannte Bastfäden, die auf der Passepartout-Rückseite befestigt werden.

Auf das zuerst aufgebrachte Satinband wird die Flechtkordel aufgeklebt. Farbige Holzscheiben mit Messingdraht umwickelt und kleine Rupfenstückchen mit Holzkäfern runden das Bild ab.

Schiff ahoi!

Rahmengröße: 28 cm x 34 cm

- *Kiefernflachleiste, 50 mm x 12 mm*
- *Leinenstoff, natur, 20 cm x 26 cm*
- *Deko-Netz*
- *Stoffarben: blau, grün, weiß, schwarz*
- *Acrylfarbe, grün*
- *Nitrofarbe, gold*
- *Koralle*
- *Schiffchen, ca. 14 cm lang*
- *Seestern*
- *Verschiedene Muscheln und Gräser*
- *Schwamm*
- *Holzbaumscheibe, ca. 50 mm ø*
- *Colorsand, natur*
- *Tacker*
- *Holzleim*

Den aus Kiefernleisten gefertigten Rahmen mit Leinenstoff bespannen. Dafür ist ein handelsüblicher Tacker gut geeignet. Den Holzrahmen fast vollständig mit Holzleim bestreichen und mit naturfarbenem Sand bestreuen. Trocknen lassen und anschließend an einigen Stellen abwechselnd mit grüner Acrylfarbe und goldener Nitrofarbe bemalen. Nach dem Trocknen wird der Leinenstoff mit Stoffmalfarbe in der Naß-in Naß-Technik (S. 5) bemalt. Von unten beginnend mit Grün, das in Blau übergeht, den Hintergrund gestalten. Vereinzelte weiße und schwarze horizontale Farbstreifen beleben die Rückwand. Nach dem Trocknen die Koralle und die aus einem Ast geschnittene dünne Scheibe festkleben.

Ein grobmaschiges Netz über das Bild spannen und im oberen Bereich auf der Rückseite festtackern. Das Netz im unteren Bildbereich seitlich zusammenknoten, einen Seestern mit in das Netzende einflechten und festkleben. Mit der Heißklebepistole zuerst das Schiffchen fixieren, anschließend die verschiedenen Dekoelemente verteilen und ankleben.

Muschel-Stilleben

Rahmengröße: 50 cm x 60 cm

- *Kiefernflachleiste, 60 mm x 12 mm*
- *Schrägschnitt-Passepartout*
- *Hartfaserplatte, 40 cm x 50 cm*
- *Messingdraht*
- *Messingnägel*
- *Naturbast*
- *Bastmattenrest*
- *Perlen*
- *Goldperlen in verschiedenen Größen*
- *Grobmaschiges Netz*
- *Bronzierpulver*
- *Weicher Lappen*
- *Verschiedene Naturmuscheln*
- *Acrylfarben: weiß, dunkelblau, türkis, bordeaux*
- *Schwamm*
- *Spachtelmasse für Gips (Baumarkt)*

Die Rahmengestaltung und der Hintergrund wurden in der Spachteltechnik hergestellt. Dabei wird eine Spachtelmasse auf die gewünschte Fläche aufgetragen. Antrocknen lassen, auf die noch formbare Masse eine Bastmatte aufdrücken und wieder entfernen. Die Struktur der Matte ist nun auf der Masse erkennbar. Den Rahmen und die gespachtelte Rückwand mit weißer Acrylfarbe grundieren. Nach dem Trocknen mit Hilfe eines Schwammes verschiedene Farbtöne aufwischen (Schwammtechnik, S. 5).

Einzelne Farbkleckse mit dem Pinsel auf die Rückwand auftropfen.

Mit einem weichen Lappen wird Bronzierpulver sparsam auf die Strukturfläche aufgerieben. Zur Dekoration des Bildes kleine Messingnägel für das Bespannen mit Messingdraht in den Rahmen nageln. Die Messingdrähte spannen. Sie dienen als Flechtunterlage oder Befestigungsmöglichkeit für die Dekoteile. Mehrere lange Bastfäden zusammenknoten und durch die gespannten Drähte flechten. Als Abschluß für die Bastfäden eine goldene Großlochperle verwenden. Die verschiedenen Dekomaterialien andrahten, dazwischenkleben oder auffädeln. Ein zusammengelegtes Fischernetz, auf das zuvor eine Muschel gezogen wurde, vervollständigt den Hintergrund.

Eine weitere in das Netz gewickelte Muschel bildet den Abschluß.

Erinnerung an den Sommer

- Holzrahmen, 18 cm x 24 cm
- Schrägschnitt-Passepartout
- Wellpappe, natur
- Baumwollpapier, blau
- Pastellkreide: rot, taubenblau
- Muschel
- Jutekordel
- Colorsand, taubenblau
- Holzstab oder Ast
- Lineal

Eine naturfarbene Wellpappe dient als Hintergrund für diese einfache, aber wirkungsvolle Collage. Das Mittelteil besteht aus einem zurechtgerissenen, aufgeklebten Stück Baumwollpapier. Das Papier wird durch einen blauen Sandstreifen unterbrochen. Der Sand wird auf den mit einem Pinsel aufgetragenen Holzleim gestreut. Zwei ausgerissene Wellpappestücke am oberem und unteren Passepartout-Ausschnitt anordnen und mit Pastellkreiden bemalen.
Zwei schmale geschnittene Papierstreifen, die zuvor mit Kreide bemalt werden, zieren die Ausschnittseiten. Mittelpunkt bildet die an einem Ast oder Holzstab befestigte Muschel. Den Holzstab zusätzlich mit einer Jutekordel umwickeln.

Strandgut

- ❑ *Holzrahmen, 18 cm x 24 cm*
- ❑ *Schrägschnitt-Passepartout*
- ❑ *Fotokarton*
- ❑ *Pappstern*
- ❑ *Naturast*
- ❑ *Rupfen*
- ❑ *Tapetenreste (Rauhfasertapete)*
- ❑ *Pastellkreide: rostrot, weiß*
- ❑ *Sprühsandfarbe*
- ❑ *Lineal*
- ❑ *Schwamm*

Als Hintergrund für den Passepartout-Ausschnitt dient eine mit Holzleim auf die Rückwand aufgeklebte Rauhfasertapete.
Diese erhält anschließend eine Beschichtung mit Sprühsandfarbe. Für die Streifengestaltung werden Sprühschablonen aus Fotokarton ausgeschnitten. Auf das Passepartout legen und wie die Rückwand mit Sprühsandfarbe besprühen. Nach dem Trocknen die Streifen mit einem Schwämmchen leicht verwischen. Zuerst den Rupfen zwischen Passepartout und Rückwand festkleben, danach den Ast und den Seestern mit dem Rupfen dekorativ anordnen und mit der Klebepistole fixieren.

Nachtstimmung

- *Holzrahmen mit Glas, 24 cm x 30 cm*
- *Schrägschnitt-Passepartout*
- *Fotokarton, schwarz*
- *Malglitter-Sprühfarben: flieder, gold*
- *Koralle*
- *Samtrest*
- *Spiegel*
- *Glixia*
- *Verschiedene Blätter*
- *Islandmoos*
- *Hortensien*
- *Erikagras*
- *Lackmalstift, gold*
- *Lineal*

Den schwarzen Fotokarton in der Sprühtechnik (S. 5) bearbeiten. Einen Ausschnitt heraussuchen und als Hintergrund verwenden. Ein Korallenstück auswählen, falls erforderlich zurechtschneiden und zusammen mit einem kleinen Spiegel auf das Papier kleben. Den Samtrest drapieren und stellenweise fixieren.
Verschiedene Blätter, Gräser, Blüten und Moos auf dem Stoff und dem Passepartout anordnen. Goldener Malglitter hebt sich von dem dunklen Samt ab.
Mit Lackmalstift die feinen Goldlinien auf dem Passepartout ziehen.

Landschaftsimpression

- *Holzrahmen mit Glas, 24 cm x 30 cm*
- *Schrägschnitt-Passepartout*
- *Fotokarton, bordeaux*
- *Sprühfarben: gold, weiß, schwarz, altrosé*
- *Korallen*
- *Spiegel*
- *Mingfarn*
- *Glasperlen, 2 mm Ø*
- *Drahtband*
- *Pluster-Pen, weiß (Hobbidee)*
- *Glitter, irisé*

Den bordeauxfarbenen Fotokarton in der Sprühtechnik (S. 5) bearbeiten. Zusätzlich wurde für die weiße Hintergrundlandschaft zuerst ein kräftiger schwarzer Sprühstreifen auf den vorbereiteten Karton aufgebracht. In die noch nasse schwarze Farbe einen weißen Sprühstreifen mit geringerem Abstand darübersprühen. Ein leichter altroséfarbener Sprühnebel überzieht beide Schichten.

Kleine Korallenstücke als Bäume und Minggras als Sträucher aufkleben. Das Drahtband drapieren und vorsichtig an einigen Stellen fixieren. Den weißen Pluster-Pen auftragen und fönen, die kleinen Glasperlen und den Glitter mit transparentem Klebstoff befestigen.

Herbstliche Blüten

Rahmengröße: 50 cm x 60 cm

- *Kiefernflachleiste, 60 mm x 12 mm*
- *Starker Karton, 40 cm x 50 cm*
- *Wellpappe, natur*
- *Crêpe-Seide, ca. 30 cm x 40 cm*
- *Seidenmalfarben: gold, türkis, violett, bordeaux*
- *Sprühfarbe, kupfer*
- *Bienenwachs*
- *Terrakotta-Sonne, Papierblütenzweig*
- *Acrylfarben: rehbraun, grün, weiß*
- *Hanfseil, Holzscheiben*
- *Seegras, Schneckenhaus*
- *Verschiedene Blätter, Früchte und Zweige*
- *Tacker*
- *Doppelseitige Klebefolie*

Den aus Kiefernleisten gefertigten Rahmen mit Bienenwachs einlassen. Für den Hintergrund wird zuerst ein breiter Streifen bemalte Seide mit Hilfe von doppelseitiger Klebefolie diagonal auf die Kartonrückwand geklebt. Ein rechteckiges Stück Wellpappe mit Acrylfarben passend kolorieren und mit wenig Kupferspray besprühen. Nach dem Trocknen die Pappe wellenförmig halbieren und die Seiten zurechtschneiden. Den fertigen Bildhintergrund auf dem Rahmen von der Rückseite her mit einem Tacker befestigen. Zwei längere Blütenzweige, die diagonal angeordnet sind, bilden den Grundstock für das florale Gesteck. Verschiedene Natur- und Papierblätter um die Zweige verteilen. Beeren, Holzscheiben, Schnecke, Gräser, Aststücke, Eicheln und ein miteingearbeitetes Hanfseil füllen das Gesteck. Einzelne Blätter und Naturmaterialien werten den schlichten Rahmen auf. Eine im oberen Bildbereich angeordnete Terrakotta-Sonne fügt sich harmonisch ein.

Blüten und Blätter

- Holzrahmen, 18 cm x 24 cm
- Schrägschnitt-Passepartout
- Handgeschöpftes Papier
- Verschiedene Satinbänder, 4 mm breit
- Seidenblüten
- Zittergräser
- Blätter
- Schneckenhaus

Zwischen Passepartout und dem als Hintergrund verwendeten Papier schmale Satinbänder am oberen Ende festkleben. Diese Bänder sind unterschiedlich lang. Zwei Ahornblätter dienen als Aufbau für das Gesteck. Die senkrecht verlaufenden Bänder vorsichtig auf dem Papier befestigen. Zwei kurze von unten nach oben sowie die waagrecht verlaufenden Bänder auf das Passepartout kleben. Auf die nun zuerst angeordneten Zittergräser werden die verschiedenen Seidenblüten aufgebaut und fixiert. Die beiden Schneckenhäuser vervollständigen dieses herbstliche Ambiente.

Für den Musikfreund

- *Holzrahmen, 24 cm x 30 cm*
- *Passepartoutkarton, weiß*
- *Holzgeige*
- *Notenpapier*
- *Wachsperlen, 14 mm Ø*
- *Rosenzweig*
- *Bemaltes Seidenreststück (Pongé-Seide), ca. 45 cm x 45 cm*
- *Acrylfarben: weiß, bordeaux*
- *Bronzepulver, gold*
- *Lappen*
- *Pinsel*

Den Passepartoutkarton mit weißer Acrylfarbe grundieren. In den noch nassen Untergrund mit einem weichen Pinsel bordeauxfarbene Schlieren einziehen.
Bronzepulver nach dem Trocknen mit einem Lappen stellenweise aufreiben. Das zurechtgerissene Notenpapier auf den Hintergrund flächig aufkleben. Ein farblich passend bemaltes Seidenstück an einem Ende verknoten, halbkreisförmig um das Notenpapier drapieren und mit der Heißklebepistole fixieren. Den Rosenzweig kürzen, die Wachsperlen und die Geige dekorativ anordnen und festkleben.

Himmlische Klänge

- Holzrahmen, 18 cm x 24 cm
- Schrägschnitt-Passepartout
- Handgeschöpftes Papier
- Notenpapier, Seidenrosen
- Goldefeu
- Beeren
- Engel mit Musikinstrument
- Goldkordel
- Schmucksteine
- Messingdraht
- Stencilfarbe, gold
- Nitrofarbe, gold
- Malschablone, Borstenpinsel

Zuerst die Nut des Rahmens mit Nitrofarbe in Gold veredeln. Für den Hintergrund wurde ein handgeschöpftes Papier ausgewählt. Mit Hilfe einer Malschablone und goldener Stencilfarbe das Notenmotiv mit einem Borstenpinsel auf eine Ecke des Passepartouts aufstupfen. Das drapierte Band gut festkleben. Die Rosen kürzen und anordnen. Auf den Rosenstielen den Engel befestigen und die verschiedenen Blätter, Beeren und das Notenblatt einarbeiten.
Eine dicke Goldkordel und auf Golddraht gefädelte Schmucksteine ergänzen das Werk.

Edles in Blau-Gold

Rahmengröße: 59 cm x 69 cm

- *Kiefernflachleiste, 60 mm x 12 mm*
- *Kiefernflachleiste, 50 mm x 14 mm*
- *Glasplatte, 49 cm x 59 cm*
- *Hartfaserplatte, 49 cm x 59 cm*
- *Handgeschöpftes Papier, blau*
- *Papierband, blau*
- *Papiersterne*
- *Papierornamente*
- *Flower-Hair, gold*
- *Samtefeuranke*
- *Wachsperlen*
- *Glimmerspray*
- *Goldspray*
- *Acrylfarbe, weiß*
- *Messingdraht*
- *Bouillondraht, gold*
- *Metallicpaste, gold*
- *Holzleim*
- *Kamm*
- *Breites Klebeband*

Für den Hintergrund des Bildes das handgeschöpfte blaue Papier mit Holzleim vollflächig auf die Hartfaserplatte kleben.
Darauf das farblich passende Papierband senkrecht verlaufend aufkleben.
Die goldenen Pappornamente nach Belieben anordnen. Das Samtefeu mit Glimmerspray besprühen und auf dem Papierband dekorieren.
Das Efeu und die Ornamente werden an einigen Stellen mit der Klebepistole fixiert. Die markanten Papierstrukturen des Hintergrundes mit Goldpaste nachreiben. Parallel zum Band Flower-Hair anlegen. Aufgezogener Bouillondraht und auf Messingdraht aufgefädelte Wachsperlen werden waagrecht und schräg über die Collage gespannt. Die Abschlußenden auf der Bildrückseite mit einem breiten Klebeband befestigen.
Einzelne weiß-goldene Papiersterne bilden einen weiteren Farbkontrast. Den selbstgefertigten Rahmen mit Nut (Beschreibung S. 46/47, verleimte Rechteckleisten) gut abschleifen, mit weißer Acrylfarbe grundieren und in die noch nasse Farbe mit einem Kamm senkrechte und waagrechte Strukturen einziehen. Nach dem Trocknen den Rahmen mit Goldspray übersprühen.
Die Glasplatte und die Rückwand in den Rahmen legen und mit einem breiten Klebeband verschließen.

Barocke Kerzenpracht

- *Barockrahmen, 30 cm x 40 cm*
- *Holzkerzen in verschiedenen Größen*
- *Weihnachtsstern*
- *Dekobuch*
- *Watte*
- *Efeu*
- *Tannenzweige*
- *Kariertes Drahtband; 2,5 m lang*
- *Styrofoamsteckmasse*
- *Goldkordel*

Ein edler Barockrahmen und ausdrucksvolle Materialien unterstreichen diese stimmungsvolle Collage.

Die zurechtgeschnittene Steckmasse dient als Unterbau für das Gesteck. Efeu- und Tannenzweige decken die festgeklebte Steckmasse ab. Unterschiedlich dicke Holzkerzen anordnen, den Weihnachtsstern kürzen und einarbeiten. Eine große Schleife binden und zwischen die Zweige kleben. Weiße aufgeklebte Watte lockert das Gesteck auf. Das über ein Rahmeneck gelegte Band wird auf der Rückseite der Leiste festgeklebt und das Dekobuch darauf plaziert. Eine nach unten verlaufende Efeuranke verbindet den oberen und den unteren Teil der Collage. Für die Aufhängung eine Goldkordel um den Rahmen schlingen und verknoten. Mit einer Schleife den Knoten verzieren.

LITTLE DRUMMER BOY

Rosenmaske

- *Holzrahmen, 30 cm x 40 cm*
- *Schrägschnitt-Passepartout*
- *Fotokarton, weiß*
- *Terrakottamaske*
- *Seidenrosen mit Blättern*
- *Papierrosen mit Blättern*
- *Satinband, altrosé, 1m*
- *Tüllband, schwarz, 1m; Beeren, blau*

Diese Collage ist sicherlich ein dekorativer Blickfang in Ihrer Wohnung. Als Hintergrund wurde ein schlichter weißer Fotokarton gewählt. Die langstieligen Rosen arrangieren, anschließend die Terrakottamaske auf den Passepartoutausschnitt kleben. Die Rosenblätter um die Maske verteilen und fixieren. Aufbauend auf die Rosenblätter die einzelnen Rosenblüten, Beeren und den kleinen Rosentuff ankleben. Das Satinband und den Tüll an einem Ende andrahten. Stirnseitig wird das in sich verschlungene Satinband an die Maske drapiert und nach unten verlaufend punktförmig verklebt. Über die Stirn verläuft in der gleichen Arbeitsweise das Tüllband. Einzelne Blüten und Blätter lockern die Bänder auf.

Venezianische Collage

- Holzrahmen, 24 cm x 30 cm
- Schrägschnitt-Passepartout
- Gipsmasken
- Fotokarton, schwarz
- Goldglitterband mit Drahtkante
- Goldband
- Goldfolienrest
- Seidenrosen, gold
- Federn, türkis (z. B. Marabufedern)
- Messingdraht
- Goldperlen
- Goldscheiben
- Acrylfarben: weiß, schwarz, gold
- Sprühfarben: türkis, gold
- Glitter, gold
- Lackmalstift, gold
- Bronzierpuder, gold

(Anleitung auf Seite 30)

(Fortsetzung von Seite 29)

In der Sprühtechnik (S. 5) wird der Hintergrund gestaltet. Nach dem Trocknen den Hintergrund auf den Bilderrahmen kleben. Die Gipsmasken mit weißer Acrylfarbe grundieren, anschließend nach Bildvorlage bemalen. Nun die vorbereiteten Masken auf dem zuvor aufgeklebten Passepartout anordnen und dabei auf Messingdraht aufgezogene Perlen zwischen dem Passepartout mitbefestigen. Den Draht des Goldglitterbandes an einer Seite raffen und um die große Maske kleben. Das Goldband, in Falten gelegt, umspielt die Stirn. Die goldenen Rosenknospen und eine Marabufeder vervollständigen diese Maske. Für die beiden kleineren Masken wurde als Kopfschmuck zerknüllte Goldfolie gewählt. Diese wird zusammen mit dem Goldband um und neben die Masken geklebt.

Kleine Goldscheiben, Rosen und Federn vervollständigen das Bild. Die Linienstruktur des Rahmens wurde für die Passepartoutgestaltung aufgenommen: Einzelne unterschiedlich lange Linien verbinden den Rahmen mit dem Passepartout. Mit dem Finger aufgeriebener Bronzierpuder in Gold wertet den Rahmen optisch auf.

Karneval zu zweit

- *Holzrahmen, 24 cm x 30 cm*
- *Schrägschnitt-Passepartout*
- *Fotokarton, weiß*
- *Klebefolie, silber*
- *Pailletten, silber*
- *Terrakottamasken*
- *Seidenblüten*
- *Farbige Holzscheiben*
- *Silberdraht*
- *Perlenschnur, silber*
- *Gittertüllband, silber*
- *Lineal*

Auf den als Hintergrund verwendeten weißen Fotokarton werden die beiden Masken geklebt. Der Fotokarton wurde zuvor vollflächig auf die Rahmenrückwand aufgezogen. Das Passepartout darauf legen, die Blätter und die Blüten um die Masken dekorieren und festkleben. Aus Tüllband kleine Schleifen mit Draht binden und damit die Zwischenräume füllen. Eine Perlenkette windet sich über die Blüten und Masken. Kleine farbige Holzscheiben mit Silberdraht auffädeln und hinzufügen.

Aus silberner Klebefolie ausgeschnittene Quadrate und Dreiecke verzieren das noch leere Passepartout. Einzelne aufgeklebte Pailletten, dekorativ verteilt, vervollständigen die Collage.

H.96

Herzige Grüße

Rahmengröße: 32 cm x 38 cm

- *Kiefernflachleiste, 50 mm x 14 mm*
- *Schrägschnitt-Passepartout, 24 cm x 30 cm*
- *Wellpappe: weiß, grün*
- *Papier, weiß*
- *Holzherzen, natur*
- *HOLZ-PEN, rot (Hobbidee)*
- *Embossingpulver, farblos*
- *Embossingstifte: rot, grün*
- *Prägestift*
- *Prägeschablone Rose*
- *Jutekordeln: natur, rot*
- *Siegellack, rot*
- *Embossingpapier*
- *Zackenschere*
- *Holzbohrer, 5 mm*
- *Bügeleisen oder Toaster*

Den aus Kiefernleisten angefertigten Rahmen in gleichen Abständen mit Bohrungen versehen. Achtung: Die Anzahl der Bohrungen pro Rahmenseite muß durch zwei teilbar sein!
Mit einer Rahmenseite beginnend die Juteschnur durch die Bohrungen ziehen und abschließend Anfang und Ende miteinander verknoten. Jetzt für den Passepartout-Ausschnitt jeweils zwei verschiedene Wellpappe-Quadrate ausschneiden und auf ein Stück Papier kleben. Diese Quadrate müssen größer als der Ausschnitt sein. Den Wellpappeausschnitt auf der Rückseite des Passepartouts mit Klebeband befestigen. Die Rohholzherzen bemalen und nach dem Trocknen aufkleben.
Aus grüner Wellpappe ein Kuvert falten und mit naturfarbener Juteschnur zusammenbinden.
Ein aufgerolltes Papierstück als Brief dazwischenlegen. Das Kuvert festkleben, auf die Schnurenden Siegellack auftropfen und ein kleines Holzherzchen eindrücken.
Mit Hilfe einer Prägeschablone und eines Prägestiftes wird die Rosenblüte in das Embossingpapier gedrückt.
Die geprägte Blüte wird mit einer Zackenschere als Briefmarke ausgeschnitten. Mit Embossingstiften das Ganze kolorieren. Anschließend farblosen Puder auf die noch feuchte Farbe streuen. Zuletzt auf einer Bügeleisensohle (Einstellung Baumwolle) oder über einem Toaster die Farbe trocknen. Dabei schmilzt der Embossingpuder zu einer glänzenden Schutzschicht. Die Briefmarke plazieren und aufkleben.

Eilpost - Eilpost
100

Unterwasserwelt

- *Holzrahmen, 18 cm x 24 cm*
- *Doppel-Passepartout: weiß, schwarz*
- *Fotokarton: weiß, türkis, pink, flieder*
- *Holzfische, natur*
- *HOLZ-PEN: kaminrot, grün, weiß (Hobbidee)*
- *Seestern*
- *Muscheln*
- *Weiße Glasperlen, 2 mm ø*
- *Lineal*

Die Holzfische mit dem HOLZ-PEN grundieren und nach dem Trocknen die weißen Streifen aufmalen. Drei gleich breite, farblich aufeinander abgestimmte Fotokartonstreifen werden waagrecht überlappend aneinander auf die Rückseite des weißen Passepartouts geklebt. Die Passepartouts und den Rahmen zusammensetzen. Die bemalten Holzfische aufkleben. Mit einem Skalpell unterschiedlich lange Streifen aus weißem Fotokarton sowie nach Vorlage das Seegrasmotiv ausschneiden (Vorlagenbogen). Als Luftblasen dienen kleine Glasperlen, die zusammen mit den anderen Deko- und Papierteilen mit Alleskleber vorsichtig aufgeklebt werden.

Summer in the city

- Holzrahmen, 40 cm x 50 cm
- Fotokarton: rot, weiß, gelb, hellgrün
- Embossingpulver, farblos
- Embossingstifte: gelb, grün, blau, schwarz, rot, braun
- Pauspapier: blau, weiß
- Acrylfarben: gelb, braun, grün, rot, schwarz, weiß
- Lineal
- Rotmarderpinsel Nr. 2
- Bügeleisen oder Toaster

Das Stadtmotiv nach Vorlage auf einen weißen Fotokarton mit blauem Pauspapier aufpausen.

Die Umrisse des Motivs mit einem schwarzen Embossingstift nachziehen und anschließend kolorieren. Auf die noch feuchte Farbe farbloses Embossingpulver aufstreuen und auf der Sohle eines Bügeleisens (Einstellung Baumwolle) oder über einem Toaster schmelzen. Aus rotem Fotokarton das Passepartout ausschneiden (Vorlagenbogen). Im unteren Passepartoutteil werden zusätzlich nach Vorlage noch waagrechte Streifen ausgeschnitten.

Diese Ausschnitte mit farbigem Fotokarton hinterlegen. Das fertige Bild mit Alleskleber von hinten in den Passepartout-Ausschnitt kleben.

Die Bäume und die Autos in gleicher Arbeitstechnik wie oben beschrieben aufpausen und kolorieren. Nach dem Schmelzen die Elemente ausschneiden und auf dem Bild anordnen.

Mit diesen drei Motiven können Sie den Rahmen passend zum Bild gestalten. Gehen Sie dabei wie folgt vor: Mit weißem Pauspapier werden die Motive auf den Rahmen übertragen und dann wie auf dem Bild mit Acrylfarbe ausgemalt. Mit schwarzer Acrylfarbe werden die Konturen und Einzelheiten herausgearbeitet.

Abstraktion

Rahmengröße: 50 cm x 60 cm

- ❑ *Kieferflachleiste, 60 mm x 14 mm*
- ❑ *Dübelhölzer, 5 mm*
- ❑ *Gehrungssäge*
- ❑ *Holzbohrer, 5 mm*
- ❑ *Hartfaserplatte, 3 mm dick, 40 cm x 50 cm*
- ❑ *Rahmenspannset*
- ❑ *Markierstift*
- ❑ *Acrylfarben: orange, zitron, dunkelgrün, schwarz, blau, hellgrün, rehbraun*
- ❑ *Moosgummi-Formteile in verschiedenen Farben (Fachhandel)*
- ❑ *Moosgummiplatten, 2 mm dick: rot, grün, blau, schwarz*
- ❑ *Hammer mit Nägeln oder Paketklebeband*
- ❑ *Fotokarton, schwarz*
- ❑ *Schwamm*

Die glatte Seite der Hartfaserplatte mit Acrylfarbe in Orange und Zitron senkrecht verlaufend grundieren. In die noch nasse Farbe einzelne Farbstreifen in Rehbraun mit dem Pinsel einziehen (Naß-in-Naß-Technik, S. 5). Mit einem Schwamm tupfend die Farbtöne Dunkelgrün und Zitron als Schattierung auf den Hintergrund aufsetzen (Schwamm-Technik, S. 5).
Aus Kiefernleisten den Rahmen fertigen und von den restlichen Rahmenleisten zwei gleichschenklige Dreiecke aussägen. Diese mit Bohrlöchern versehen (5 mm). Die Bohrungen mittels eines Markierstiftes auf den Rahmen übertragen und bohren. Dübelstäbe auf die gewünschte Länge kürzen, mit Holzleim versehen und die Teile zusammenstecken.
Den Rahmen mit schwarzer Acrylfarbe, die Dreiecke in Blau und Zitron streichen und gut trocknen lassen. Die getrocknete Rückwand auf die Rahmenseite aufnageln oder mit Paketklebeband umseitig festkleben.
Formteile aus Moosgummi, ausgeschnittene Kreissegmente und unterschiedliche Quadrate sowie Dreiecke werden zu fantasievollen Formen zusammengesetzt. Aus schwarzem Fotokarton sind die verbindenden Elemente sowie das Tiermotiv (Vorlagenbogen) ausgeschnitten. Vereinzelte Moosgummiteile, auf dem Rahmen angeordnet, beziehen diesen in die Gestaltung mit ein.

Amore

- *Holzrahmen, 40 cm x 50 cm*
- *Hartfaserplatte, 3 mm dick*
- *Styroporherzen, 15 cm flach (keine Vollherzen)*
- *Acrylspray: rot, türkis, blau, gelb*
- *Tonkarton*
- *Seidenrosen*
- *Seidenpapier, weiß*
- *Acrylfarben: weiß, schwarz, rot*

Die beiden Styroporherzen auf der Hartfaserplatte anorden. Die Überschneidung mit einem Filzstift auf dem Herz markieren und mit einem Papiermesser herausschneiden. Danach die beiden Herzen mit Styroporkleber auf der Platte festkleben. Die beiden Rosenstiele - die Blütenköpfe wurden zuvor entfernt - werden bei diesem Arbeitsschritt eingearbeitet. Zerknittertes Seidenpapier auf einen Teil des Bildes mit Holzleim kleben. Somit erzielt man die interessante Struktur.
Aus Tonkarton ausgeschnittene Dreiecksformen dienen als Sprühvorlage für den Farb- und Formenkontrast im unteren Teil des Bildes. Verschiedene Farben werden dabei neben- und hintereinander mit der Dreiecksform aufgesprüht.
Quer über das Bild verläuft ein gelber Sprühstreifen. Mit Rot werden die beiden Herzen als Mittelpunkt hervorgehoben. Die schwarze Schrift, das kleine Herz sowie die Formbetonung erfolgt mittels eines Borstenpinsels und verschiedener Acrylfarben. Werden die Konturen noch mit weißer Acrylfarbe hinterlegt, hebt dies die räumliche Wirkung mehr hervor. Der Rahmen wird, wie bereits oben beschrieben, stellenweise mit Seidenpapier beklebt und nach dem Trocknen besprüht. Nach dem Zusammenbau der Collage wird der Rahmen durch Erweiterung der schwarzen Konturen im unteren Bildbereich in die Gestaltung einbezogen. Abschließend werden die Rosenblüten auf die Stiele gesteckt. Einzeln aufgeklebte Blüten- und Rosenblätter vervollständigen die Collage.

AMORE
H.96

Bistro-Ambiente

- *Holzrahmen, 24 cm x 30 cm*
- *Hartfaserplatte, 18 cm x 24 cm*
- *Schrägschnitt-Passepartout*
- *Metallfolie: gold, bunt geflammt*
- *Grundöl*
- *Zifferblatt*
- *Zeitungsausschnitte*
- *Espressolöffel*
- *Kaffeebohnen*
- *Lackmalstift, gold superfine*
- *Krakelierspray, gold*
- *Acrylfarben: weiß, taubenblau, zitron*
- *Schwarzer Filzstift*
- *Schwamm*
- *Weiches Tuch*

Mit weißer Acrylfarbe die als Hintergrund verwendete Hartfaserplatte grundieren. Den Ausschnitt des Passepartouts mit Bleistift auf den Hintergrund aufzeichnen. Diagonal von links oben ausgehend werden die Farbtöne Taubenblau, Weiß und etwas Zitron mit einem Schwamm aufgetupft, so daß Linienstrukturen erkennbar werden. Nach dem Trocknen die Vorlage des Stuhles aufpausen (Vorlagenbogen). Mit Grundöl die gesamte Stuhlfläche grundieren und trocknen lassen, bis das Öl transparent ist. Anschließend vorsichtig die Metallfolien auflegen und mit einem weichen Pinsel andrücken. Etwas antrocknen lassen und die Fläche mit einem weichen Tuch polieren. Die Umrisse des Stuhls mit einem schwarzen Filzstift nachfahren.

Das Passepartout und den Hintergrund mit UHU Kraftkleber zusammenkleben. Interessante Zeitungsausschnitte ausreißen und verteilt fixieren. Passepartout und Rahmen getrennt in der Schwammtechnik (S. 5) verzieren. Für die Einrahmung und für die Schrift auf Rahmen und Passepartout wurden verschiedene Metallfolienfarben verwendet. Der vergoldete Löffel wurde in derselben Technik bearbeitet. Mit einem feinen goldenen Lackmalstift das aufgeklebte Zifferblatt und die Kaffeebohnen veredeln. Die Tasse und das Milchglas werden ebenfalls mit dem Goldstift aufgemalt. Vor dem Zusammenbau des Bildes den Rahmen noch mit Krakelierspray in Gold besprühen.

Cafe
INTERNATIONAL Tribune
THE NEW YORK TIMES AND THE WASHINGTON POST
Milch-shakes
Cafe

Im Land der Pharaonen

- Holzrahmen, 30 cm x 40 cm
- Graupappe, 3 mm
- Verschiedene Natur-Beige-Braun-Colorsandtöne, verschiedene Grau-Blau-Colorsandtöne; Colorsand, weiß
- Siebaufsätze für Colorsand
- Nesselstoff
- Folienstift, schwarz
- Fotokarton, schwarz
- Acrylfarben: weiß, gelb, rot, blau, braun, grün, schwarz, kupfer
- Pauspapier
- Doppelseitige Klebefolie

Für die Rückwand des Bildes eine Graupappe passend zuschneiden. Mit einem schwarzen Folienstift das Pyramidenmotiv auf die doppelseitige Klebefolie von der Vorlage übertragen. Die Vorlage hierbei unter die Klebefolie legen und diese auf die Graupappe aufziehen. Mit einem Skalpell die Konturen der einzelnen Pyramiden anritzen. Die angeritzte Schutzfolie einer Pyramide wird vorsichtig abgezogen und mit Sand nach Bildvorlage bestreut.
Zur optischen Abtrennung der einzelnen Pyramiden entlang der Schnittkanten dunklere Sandmischungen verwenden.
Mit einem weichen Pinsel den Sand auf der Folie verteilen und den überschüssigen Sand sorgfältig entfernen, bevor mit dem nächsten Arbeitsschritt begonnen wird. Nachdem alle Pyramiden besandet sind, kann die restliche Klebefolie vollständig entfernt werden. Das Katzenmotiv und die Schriftzeichen vom Vorlagenbogen mit Pauspapier auf den Stoff übertragen und mit einer Schere ausschneiden. Die ausgeschnittenen Stoffmotive auf dem Bild anordnen und gut festdrücken. Die Klebefolie nun vollständig mit Sand bestreuen. Für den vorderen Bereich helle Sandfarben mit wenig Schattierungen aufstreuen, für den Horizont eine Grau-Blau-Mischung verwenden. Naturfarbener Sand lockert den Übergang zwischen dem Horizont und dem Vordergrund auf. Ist der Hintergrund fertig besandet, werden die Stoffmotive mit Acrylfarben nach Bildvorlage bemalt. Einzelne, nach Vorlage aus schwarzem Fotokarton ausgeschnittene und mit Alleskleber aufgeklebte Schriftzeichen vervollständigen diese wirkungsvolle Collage. Die Strukturen der Rahmenleisten mit Acrylfarben passend kolorieren.

Herstellung einfacher Rahmen

Die nächsten Seiten zeigen Ihnen, wie Sie mit einfachen Techniken einen Rahmen selber bauen können. Die erforderlichen Werkzeuge und Materialien sind in Fach- und Baumärkten erhältlich.

Werkzeug und Material

- *Gehrungssäge zum Schneiden von Gehrungen und rechtwinkligen Schenkeln*
- *Rahmenspannset*
- *Tacker*
- *Eckzwingen*
- *Lineal*
- *Schraubzwingen*
- *Cutter*
- *Holzleim*
- *Schleifpapier*
- *Bildaufhänger*
- *Nägel*
- *Zollstock*
- *Kiefernflachleisten, 60 mm x 12 mm*
- *Kiefernflachleisten, 50 mm x 14 mm*
- *Dübelstäbe*
- *Profilrahmenleisten*

Auswahl der Bilderrahmenleisten

Leisten mit Falz für die Einlage von Glasplatten und Rückwänden gibt es in vielfältigen Ausführungen. Werden Bilder mit einem hohen Aufbau (Gestecke) hinter Glas gesetzt, so muß dies bei der Falztiefe beachtet werden! Flachleisten ohne Falz für Karton oder Hartfaserrückwände werden direkt auf den Rahmen aufgesetzt. Ein Gehrungsschnitt ist nicht unbedingt erforderlich. Für verleimte Rechteckleisten werden zwei unterschiedlich breite Holzleisten aufeinandergeleimt. Aufgrund der unterschiedlichen Breite der Leisten entsteht ein Falz. Für die Berechnung des Rahmens wird stets die Bildgröße oder Passepartoutgröße zugrunde gelegt.

Berechnung der Leistenlänge

Bildgrösse 40 cm x 50 cm:	2 x 40 + 2 x 50	= 180 cm
Leistenbreite 6 cm:	4 x 6	= 24 cm
Leistenlänge:		= 204 cm

Es empfiehlt sich, ca. 10% als Verschnitt hinzuzurechnen.
Bei Flachrahmen ohne Falz, auf dem die Rückwand später befestigt wird, muß ein Mindestmaß von ca. 1 cm auf jeder Seite des Bildes für die Befestigung (Überschneidung) berücksichtigt werden. Das Bild muß deshalb größer sein.

Rahmenfertigung

Die Leisten werden mit der Gehrungssäge rechtwinklig (45°) vorsichtig zurechtgesägt. Beim Sägen des Rahmens wird immer das Innenmaß (Bildgröße) auf die Innenseite der Leiste übertragen. Die Frontseiten des späteren Rahmens liegen oben. Nach dem Sägen aller Leisten werden die Schnittflächen mit Schleifpapier bearbeitet.
Es gibt verschiedene Möglichkeiten für den Zusammenbau des Rahmens:

1. Die Leisten zuerst mit Leim einstreichen, die vier Rahmenschenkel zusammensetzen. Damit die Rahmenecken rechtwinklig abbinden, gibt es Schnurspannvorrichtungen speziell für die Ecken. Es können aber auch Eckzwingen verwendet werden. Überflüssigen Holzleim sofort sauber entfernen. Für die Verstärkung der verleimten Eckverbindungen können Nägel oder Dübel verwendet werden.

2. Die einfachere Methode sind geschraubte Metallwinkel oder durch Klammern (Tacker) verstärkte Verbindungen. Bei Leisten ohne Falz werden die Rückwände auf der Rahmenrückseite befestigt.
Die Rückwände können mit einem breiten festen Klebeband verklebt, aufgetackert oder bei Hartfaserplatten aufgenagelt werden.

Rahmengestaltungen

Die aus Kieferflachleisten hergestellten Rahmen können in unterschiedlichen Techniken weiterverarbeitet werden (vgl. S. 48).

Bei dem ägyptischen Rahmen wurden die Rahmenecken mit einer Stichsäge abgerundet und das Profil herausgesägt. Der Rahmen wurde anschließend in der Naß-in-Naß-Technik (S. 5) grundiert. Nach dem Trocknen wurden die Motive nach Vorlage mit Acrylfarben aufgemalt.

Der weiße Rahmen wurde mit gelben und antikblauen Streifen grundiert. Nach dem Trocknen erhält die Grundierung einen weißen Farbanstrich. In die noch nasse Farbe wird mittels eines Holzstabes oder eines Kamms die Struktur herausgearbeitet.

Den dunklen Rahmen mit schwarzer Acrylfarbe streichen. Nach dem Trocknen werden die Ornamente mit Nitrofarbe gold aufgepinselt oder mit einem Lackmalstift aufgemalt. Blaue aufgeklebte Glassteine bilden den Abschluß. Auf den bunten Rahmen wurden zuerst Halbkugeln aus Holz und Profilstäbe aufgeleimt. Nach dem Trocknen den Rahmen abschleifen und mit Sprühfarbe bunt lackieren.

Rahmenherstellung: mit und ohne Falz

Die im Bild gezeigten Rahmengestaltungen können Sie leicht nach eigenen Ideen abwandeln oder ganz neue Kreationen ausprobieren!
Oft genügt es bereits, wenn andere Farbtöne oder Schmuckelemente für die Rahmengestaltung verwendet werden.